《상상수집가 조르주》를 만나다

'상상력에게 권력을!', 세계를 바꾼 문화 혁명이라 불리는 프랑스 68혁명 때 젊은이들이 들고 나온 구호입니다. 무엇이든 자유롭게 상상할 수 있는 나라가 정말 살 만한 나라라 여긴 것이지요. 《상상수집가 조르주》는, 마음껏 생각하고 놀고 상상하는 데 중심을 두는 프랑스 예술 교육 철학이 그대로 드러난 책입니다. 책장을 넘기며 읽고, 만들고, 놀다 보면, 자연스레 지식 정보를 얻을 수 있는 것은 물론이고, 아이들 스스로 생각하고 상상하는 힘이 커지게 됩니다. 사실, 도서관에서 처음 이 책을 펼쳤을 때 아이들은 무척 당황했습니다. 기존 책과 많이 다르기 때문이었지요. 하지만, 곧 책 속으로 빠져들었습니다. 혼자 볼 때는 뒹굴며 상상하고 노는 책이 되고, 누군가와 함께 볼 때는 관계를 맺고 이야기를 만드는 책이 되었습니다. 깔깔거리다가도 진지해지고, 조잘거리다가도 다시 심각해지는 책. 책을 읽는 공간은 진지한 실험실이 되었다가, 신비로운 우주가 되었다가, 시끄러운 공사장이 되었습니다. 가장 신기했던 일은, 책을 별로 좋아하는 않는 아이들이 이 책에 쉽게 빠져드는 것이었습니다. 책을 '읽는다'는 생각보다는 책과 '논다'라고 느끼는 게 이 책이 가진 가장 큰 힘이 아닐까 싶네요.

- 박미숙(책놀이터 도서관장)

《상상수집가 조르주-공룡》의 표지를 보여 줄 때부터 교실은 흥분하기 시작했습니다. "저건 티라노사우루스야!" "아니야! 그건 트리케라톱스야!" 초등학교 1학년 남자 아이들 대부분이 공룡을 좋아하긴 하지만 예상보다 더 환호했습니다. 여학생도 마찬가지였고요. 만들기, 이야기, 놀이는 어린이들이 가장 좋아하는 세 가지 활동입니다. 이 세 분야가 버무려져 있는 것만 봐도 《상상수집가 조르주》는 어린이를 잘 이해하고 있는 책입니다. 지금 당장 만들기를 하고 싶지 않다면 이야기를 읽고, 이야기를 읽고 싶지 않을 땐 놀이를 하면 지루할 틈이 전혀 없으니 말입니다. 그런 의미에서 이 책은 아주 좋은 놀잇감입니다. 아이들이 자기의 생각을 펼치고 주변과 좋은 관계를 맺으며 성장하기를 바란다면, 아이 곁에 《상상수집가 조르주》를 두는 것, 꽤 괜찮은 방법인 것 같습니다.

- 조항미(경복초등학교 교사)

《상상수집가 조르주》는 무엇이 들었는지 궁금증을 자아내는 보물 상자와 같습니다. 책장을 펼치는 순간 이상한 나라의 앨리스가 들어갔던 상상의 토끼 굴에 빠져드는 경험을 하게 됩니다. 꼬리에 꼬리를 무는 수수께끼 놀이의 시공간 속에서, 세상과 다양한 물음표와 느낌표를 주고받으며 아이들은 스스로 상상 이상의 빛나는 세상을 만들어 갑니다. 아이들은 이야기 활동, 놀이 활동, 지식 활동을 오가며 각 권의 주제들을 다양한 각도에서 탐색하고 탐구해 나갑니다. 그러는 동안, 만들기와 요리, 영화와 언어, 과학 등 일상 속의 다양한 활동으로 자신의 세상을 알록달록 물들이는 경험을 하게 됩니다.

- 예정원(문화예술교육활동가)

상상우집가 조르주

메종 조르주 출판사 기획 | 이희정 옮김

고래뱃속

안녕? 난 상상수집가 조르주예요!
나는 매일 상상을 모아요.
상상은 엄청 재밌고 멋지거든요.

상상은 궁금한 걸 알아 가고,
새로운 걸 발견하고, 세상을 탐구하고,
실험하고 노는 거예요.

조그만 상상이 모이면 힘이 세져요.
나를 바꾸고, 우리를 바꾸고, 세상을 새롭게 만들어요.

상상이 없는 세상은 정말 상상할 수 없어요.

오늘, 난 공룡의 세계로 떠나 상상을 잔뜩 모을 거예요.
나랑 같이 갈래요?

이 책은 모두 공룡에 관한 것들이에요.
짜릿한 이야기와 놀이의 세계로 빠져 볼까요?

1부
이야기

긴 이야기 **아델의 공룡 사촌들** / 6
인터뷰 **공룡 록 스타 조제프를 만나다!** / 17
짧은 이야기 **팡피와 고리, 신비한 알을 만나다!** / 18
실제로 일어난 이야기 **공룡을 조련한 사람** / 20
도형 명작 동화 **도형 왕국의 꽃미남 왕자** / 22

2부
놀이

놀이 1 **공룡 이름을 알아봅시다!** / 26
놀이 2 **공룡 연구소** / 28, 33
뚝딱뚝딱 **종이 공룡 만들기** / 30~32
놀이 3 **나는 언제 태어났을까요?** / 34
놀이 4 **공룡을 위한 오늘의 요리!** / 36
놀이 5 **화석을 찾아 주세요** / 38
놀이 6 **공룡의 일생** / 40

3부
쓸데 있는 지식

직업 **고생물학자** / 44
언어 **일본어** / 46
과학 **화산이 폭발해요** / 48
영화 **박물관이 살아 있다** / 50
요리 **페트병 볼링 놀이** / 52

+
낱말 풀이와 정답

어려운 낱말을 알아봐요 / 54
문제의 답이 있어요 / 56

1부
이야기

긴 이야기
- 아델의 공룡 사촌들
  6

인터뷰
- 공룡 록 스타 조제프를 만나다!
  17

짧은 이야기
- 팡피와 고리,
  신비한 알을 만나다!
  18

실제로 일어난 이야기
- 공룡을 조련한 사람
  20

도형 명작 동화
- 도형 왕국의 꽃미남 왕자
  22

아델의 공룡 사촌들

글·그림 파브리스 우드리

안녕, 내 이름은 아델이야.
캄프토사우루스*라고 하는 초식 공룡이란다.
나는 관찰하는 걸 무척 좋아해.
주위의 식물, 곤충, 파충류를 자세히 살펴보면서 하루를 보내지.

나는 사촌들과 함께 노는 게 제일 좋아.
잔, 아담, 톰, 알리스, 조제프, 브누아, 프레데리크는 나와 정말 친한 사촌들이야.
우리가 좀 더 자주 만나면 좋겠어!
함께 놀면 늘 흥미진진하거든.

잔은 스트루티오미무스*야. 누구라도 다 이기는 뛰어난 운동선수지.
어릴 적부터 달리는 걸 좋아해서 매일 달리는 연습을 한대.
지금 키가 2미터 정도 되는데 우리 중에 제일 커.
잔은 수 킬로미터를 쉬지 않고 거뜬히 달려갈 수 있어. 아무도 그 애를 못 따라간단다.

아담은 시조새*야. 우리 중 제일 어린데 진짜 괴짜*지.
하늘에서는 못 하는 게 없어. 날다가 뚝 떨어지기도 하고, 빙빙 돌기도 하고,
날개를 퍼덕이지 않고도 하늘을 멋지게 날아.
언젠가 나를 업고 구름 위까지 날아오르기로 약속했어.

이 아이는 톰이야. 알로사우루스*지. 여행과 탐험을 무척 좋아해.
얼마 전에 만났는데 로라시아 대륙*의 밀림 깊숙한 곳으로 탐험을 떠난다고 하더라.
늘 새로운 곳을 찾아다녀서 한 곳에 머물러 있는 걸 보지 못했어.
곤드와나 대륙*에 있는 커다란 용각류* 공룡들을 꼭 만나 보고 싶대.

세이스모사우루스*인 알리스는 누구와도 쉽게 친구가 되는 다정한 공룡이야.
그래서 정말 다행이지. 몸집이 어마어마하게 크거든.
알리스와 함께 놀면 언제나 땅이 쿵쿵 울려!
키도 엄청 커서 나무고사리*와 소철* 너머로 뭐가 보이는지 얘기해 준단다.

조제프는 음악을 아주 좋아해.
'하드 록*'을 사랑하는 사우루스들' 밴드에서 활동하고 있지.
파라사우롤로푸스* 형제들을 잔뜩 모아 놓고 멋진 콘서트를 하려고 준비 중이래.
판게아 대륙* 전체를 돌며 순회공연을 한다니 생각만 해도 신나지 않니?

브누아가 제일 잘하는 건 낮잠 자는 거야. 정말 스테고사우루스*답지!
브누아는 커다란 목련 그늘에서 편안히 쉬는 걸 좋아해.

프레데리크는 티라노사우루스*인데 만나는 일이 거의 드물어.
하지만 여기저기 돌아다니고 있다는 건 알아.

프레데리크가 우리를 모두 초대했어.
밤하늘에서 벌어지는 신기한 일을 함께 관찰하자는 거야.
우리는 다 같이 모여서 거대한 운석이 엄청나게 빨리 날아가는 걸 보았어.
무척 근사했어! 어때, 우리 사촌들 정말 멋지지!

인터뷰

글·그림 파브리스 우드리

공룡 록 스타 조제프를 만나다!

록 음악을 하는 공룡, 상상해 본 적 있나요? 인기 많은 공룡 록 스타 조제프를 만나 인터뷰*를 했어요.
아델의 사촌인 조제프는 '하드 록을 사랑하는 사우루스들' 밴드에 관해 이야기해 주었어요.

"네, 저는 하드 록을 들으면 힘이 솟아요!"

👀 안녕하세요, 조제프 씨. 이렇게 만나 주셔서 고맙습니다. 중요한 콘서트를 앞두고 있는데, 긴장되지 않으세요?

조제프 솔직히 긴장은 되지만 당연한 거라고 생각해요. 경험이 많은 스타들도 공연을 앞두면 늘 떨린다고 하거든요. 초식 공룡인 저는 풀을 씹으면서 스트레스를 조절합니다. 주로 캐모마일 잎이나 참나무 잎을 씹지요.

👀 가족분들에 대한 이야기를 많이 들었어요. 잔과 아담은 운동을 잘하고, 아델과 톰은 모험을 좋아한다죠. 콘서트에는 누가 오기로 했나요?

조제프 모두 초대했어요! 사촌들이 무대 뒤로 올 거예요. 모두 다 오면 정말 좋겠어요. 사촌들은 저한테는 정말 중요한 손님들이에요. 특히 프레데리크는 꼭 왔으면 해요. 초식 공룡들 사이에서 육식 공룡인 티라노사우루스가 가만히 있긴 힘들겠지만요. 다 함께 만난 적이 거의 없거든요.

👀 조제프 씨가 연주하는 곡은 하드 록인데요. 이런 음악을 듣는 공룡들이 많이 있나요?

조제프 네, 저는 하드 록을 들으면 힘이 나요! 장딴지에 "하드 록이여, 영원하라!"라는 글씨를 쓰기도 했어요. 젊은 공룡들은 다들 하드 록을 듣는데, 부모님들은 탐탁지 않게 생각하시죠. 어른 공룡들은 트라이아스기*의 클래식을 들어요. 하지만 우린 몸을 움직이고, 머리를 흔들면서 춤추고 싶어요. 하하.

👀 그러고 보니 얼마 전에 '돌멩이 디스크' 상을 받으셨네요. 공룡들은 약간 고리타분하다는 평가에 대해서는 어떻게 생각하세요?

조제프 고리타분하다고요? 누가 그런 말을 해요? 소개 좀 해 주세요. 제가 얼마나 잘 노는지 보여 주죠. 우리는 진화*하고 있고, 미래의 음악을 한다고요! 돌멩이 디스크 상을 받아서 무척 감사하지만, 솔직히 말씀드리면 그걸 어디에다 둘지 아직 잘 모르겠어요.

👀 판게아 대륙 순회공연 계획은 어떻게 되어 가고 있나요?

조제프 공연 기획자*의 도움을 받아서 준비하고 있어요. 대륙들을 이동하다 중간중간에서 하기로 했으니까 그렇게 바쁜 건 아니에요. 공연 1부는 랍토르 밴드가 맡아 주기로 했어요. 무대에서 화산이 폭발하는 아주 멋진 볼거리를 준비 중이에요.

👀 계획 이야기가 나와서 드리는 질문인데, 혹시 아델이 아담과 구름 위를 날기로 한 걸 아시나요?

조제프 둘 다 좀 엉뚱한 애들이에요! 어쨌든 나중에 하늘을 날겠다는 계획이 있는 건 확실해요.

실제로 일어난 이야기

글 뱅상 자도   그림 세브랭 미예

공룡을 조련한 사람

공룡을 자유자재로 움직이게 하는 공룡 조련사가 실제로 있다면 어떤 일이 벌어질까요?
놀랍게도 많은 사람 앞에서 공룡을 조련하려고 시도한 사람이 진짜 있었어요.
그 모습을 직접 본 사람들은 너무 놀라서 꼼짝도 못 했다고 해요.
어떻게 된 일인지 그 이야기를 한번 들어 볼래요?

공룡 조련사, 윈저 맥케이

1914년 2월, 미국 시카고의 어떤 극장에서 있었던 일이에요. 한 남자가 관객 앞에서 암컷 디플로도쿠스*에게 재주를 부리게 했어요. 관객들은 모두 깜짝 놀랐어요.

이 남자의 이름은 '윈저 맥케이'였어요. 맥케이는 동물을 조련하는 것처럼 거대한 공룡에게 자신만만하게 명령을 내렸어요. 뒷발로 서게 하고, 말을 듣지 않으면 크게 소리쳤어요. 공룡에게 '거티'라는 이름도 지어 주었죠.

맥케이는 서커스에서 묘기를 선보이는 진짜 조련사는 아니었어요. 사실 그는 화가였어요. <리틀 네모>를 비롯한 여러 만화를 그린 만화가이자 만화 영화감독*이기도 했어요. 그는 자신이 만든 새로운 만화 영화 <공룡 거티>의 상영을 준비하면서 기발한 생각을 해냈죠. 영화가 상영되는 동안 화면 옆에 서서 영화의 주인공인 순한 디플로도쿠스에게 명령을 내리는 척하는 거였어요! 직접 종이 한 장 한 장에 그림을 그렸기 때문에 맥케이는 공룡이 어떻게 움직이는지 속속들이 알고 있었어요. 그 당시는 만화 영화의 선사 시대와 같았어요. 장면 하나하나를 사람이 손수 종이에 그렸답니다.

맥케이는 동물이 주인공인 만화 영화를 맨 처음으로 만들었어요. 월트 디즈니도 <공룡 거티>의 성공에 관심을 가졌고, 맥케이의 영향을 받았다고도 말했어요.

첨단 기술로 만든 영화 <공룡 거티>

<공룡 거티>를 보고 사람들이 깜짝 놀란 이유는 공룡 때문이 아니라 영화의 수준이 너무나 뛰어났기 때문이었어요. <공룡 거티> 한 편을 만드는 데 거의 만 장에 가까운 그림을 그려야 했어요. 맥케이는 삼차원(3D) 효과*를 쓰는 만화 영화에 실사* 장면을 넣는 기술을 완벽하게 성공했어요. 영화의 막바지에 이르러서는 맥케이가 공룡 거티의 등에 타는 장면까지 볼 수 있었어요!

부족한 건 소리밖에 없었어요. 영화가 상영되는 동안 맥케이는 변변찮은 솜씨로 공룡의 울음소리를 직접 흉내 내야 했어요. 그로부터 80년 후, 영화감독 스티븐 스필버그가 코끼리, 악어, 펭귄, 호랑이의 소리를 뒤섞어서 <쥬라기 공원>에 등장하는 공룡 T-렉스의 무시무시한 울음소리를 만들었어요.

최근의 고생물학(44쪽 참고) 연구에 따르면 아마 공룡들은 쉰 목소리로 조그맣게 꾸르륵거리며 울었을 거라고 합니다. 그렇다면 맥케이가 공룡 소리에 더 가깝게 흉내를 낸 셈이지요. 이처럼 맥케이는 시대를 한참 앞서 나간 사람이었답니다!

도형 명작 동화

옛날에 어떤 도형이 있었는데……

사랑을 찾아 나선 도형 왕국의 꽃미남 왕자

| 꽃미남 왕자 | 동그라미 공주 | 구름 아가씨 | 잠자는 숲속의 미녀 | 반달 아가씨 | 황금빛 곱슬머리 | 신데렐라 |

꽃미남으로 통하는 정사각형 왕자가 있었어요. 왕자가 결혼할 나이가 되면서 모든 일이 시작됐지요.

정사각형 왕자는 왕국의 모든 아가씨를 초대해서 아주 큰 파티를 열었어요. 그중에서 약혼자*를 찾을 생각이었어요. 전국 방방곡곡에서 아가씨들이 모여들었지요.

동그라미 공주

동그라미 공주를 만난 정사각형 왕자는 완벽한 아름다움에 홀딱 반해 버렸답니다.

하지만 정사각형 왕자와 동그라미 공주가 처음으로 함께 춘 춤은…….

엉망진창이었어요.

정사각형 왕자가 동그라미 공주를 깔고 앉는 바람에 말이죠.

아야!

공주의 이름이 '뭉개진 동그라미 공주'로 바뀌고 말았어요.

구름 아가씨

구름 아가씨도 왕자의 마음에 들었어요. 그런데 어쩐지 좀 복잡해 보였어요.

정사각형 왕자는 구름 아가씨가 삼각형이면 더 좋을 것 같다고 말했어요.

왕자의 말에 구름 아가씨는 몹시 화를 내며 집으로 돌아갔어요.

정사각형 왕자도 짜증이 났어요. 그러다 문득 떠오르는 게 있었어요.

2부
놀이

놀이 1 공룡 이름을 알아봅시다!
26

놀이 2 공룡 연구소
28, 33

뚝딱뚝딱 종이 공룡 만들기
30~32

놀이 3 나는 언제 태어났을까요?
34

놀이 4 공룡을 위한 오늘의 요리!
36

놀이 5 화석을 찾아 주세요
38

놀이 6 공룡의 일생
40

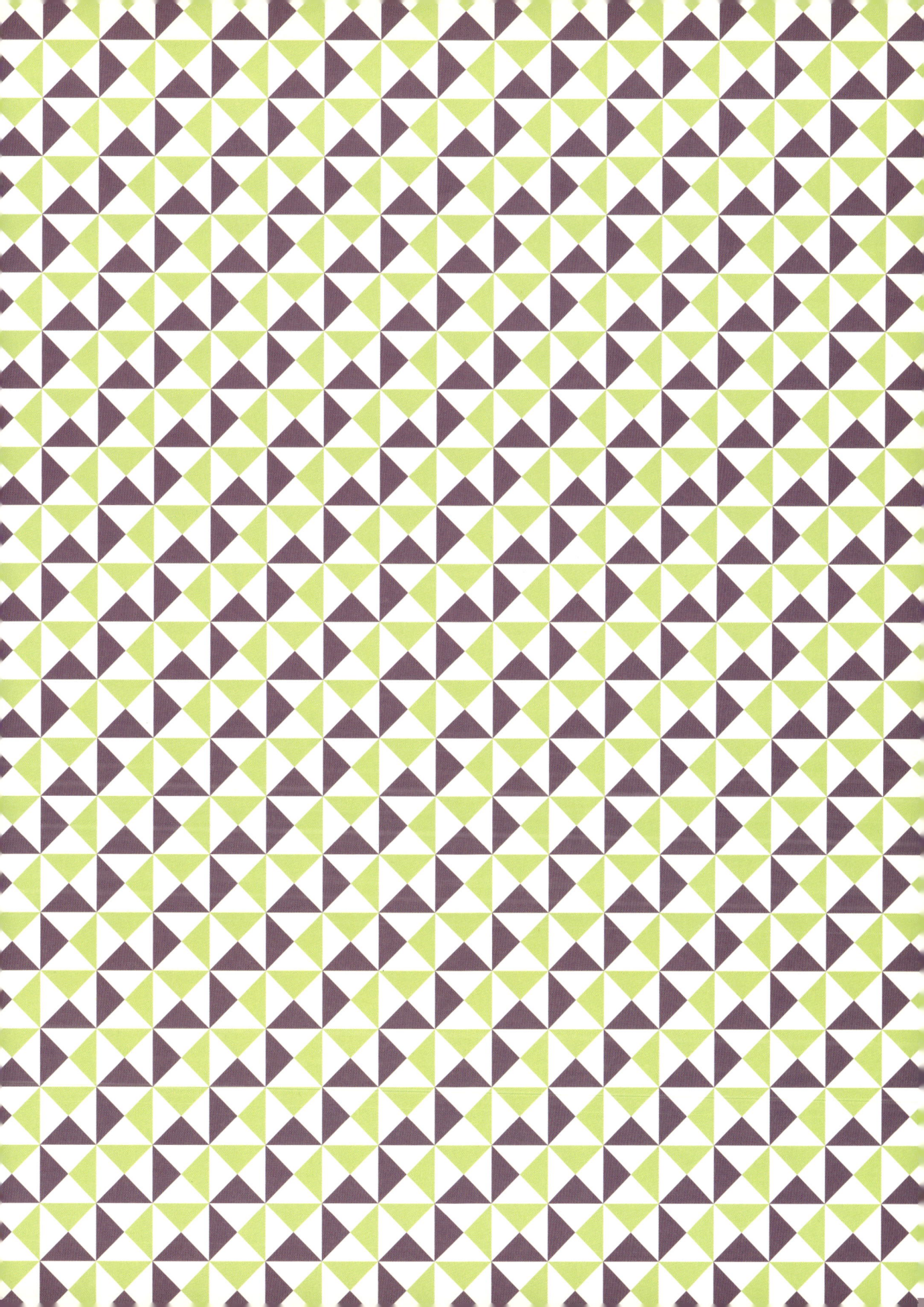

놀이 1 공룡 이름을 알아봅시다!

공룡이라는 말이 어떻게 생겨났을까요? 1842년, 영국인 리처드 오언이 화석을 연구하다가 '디노(라틴어로 '무시무시한')'와 '사우루스(그리스어로 '도마뱀')'를 합쳐서 '디노사우루스(dinosaurus, 공룡)'라는 단어를 만들어 냈어요.

1 오언과 똑같은 방법으로 공룡 이름의 뜻을 풀어 보세요.

예: 티라노사우루스 렉스(Tyrannosaurus Rex) = 티라노스 + 사우루스 + 렉스

뜻 > 폭군 도마뱀 왕

① 아나토티탄(Anatotitan) = 아나스 + 티탄

뜻 >

② 인키시보사우루스(Incisivosaurus) = 인키시오 + 사우루스

뜻 >

③ 트리케라톱스(Triceratops) = 트리 + 케라톱스

뜻 >

④ 디플로도쿠스(Diplodocus) = 디플로 + 도쿠스

뜻 >

⑤ 벨로키랍토르(Velociraptor) = 벨록스 + 랍토르

뜻 >

⑥ 프테로닥틸루스(Pterodactylus) = 프테로스 + 닥틸루스

뜻 >

⑦ 갈리미무스(Gallimimus) = 갈리나 + 미무스

뜻 >

그리스어 라틴어 뜻풀이

아나스(Anas): 오리
케라톱스(Ceratops): 뿔
닥틸루스(Dactylus): 손가락
디노(Dino): 무시무시한
디플로(Diplo): 둘
도쿠스(Docus): 기둥
갈리나(Gallina): 닭
인키시오(Incisio): 앞니 또는 자르기 좋은
미무스(Mimus): 흉내, 닮다
피시스(Piscis): 물고기
프테로스(Pteros): 날개
랍토르(Raptor): 도둑
렉스(Rex): 왕
사우루스(Saurus): 도마뱀
티탄(Titan): 커다란
트리(Tri): 셋
티라노스(Tyrannos): 폭군
벨록스(Velox): 재빠른

그림 로익 위게

2 그림에 있는 공룡의 이름을 맞춰 보세요. 왼쪽 페이지에서 맞는 이름을 찾아서 그 번호를 공룡 그림 옆에 쓰면 돼요. 가짜 공룡 한 마리가 숨어 있으니 주의하세요!

3 가짜 공룡을 찾았나요? 왼쪽의 그리스어 라틴어 뜻풀이를 이용해서 이 새로운 공룡의 이름을 지어 보세요.

27

놀이 2 공룡 연구소 ①

그림 스테파니 라순

여기는 공룡을 연구하는 라보디노 연구소예요. 건물도 스테고사우루스처럼 생겼어요.
이곳의 과학자들은 공룡에 대해 많은 것을 연구하고 있어요. 자, 과학자들의 연구 결과를 한번 볼까요?

1 라보디노 연구소에서는 재미있는 연구를 많이 해요. 그중에, 공룡의 기상천외한 기록을 모으는 '공룡 기네스'가 있어요. 아래에서 여러 기록을 가진 공룡을 소개할게요. 공룡의 진짜 이름을 알고 싶으면 세 번 반복되는 글자를 지우면 돼요!

가장 무거운 공룡
미아르미젠티노사미우루스
(약 70톤)

가장 키가 큰 공룡
브라수키오수사우루수스
(목을 곧게 세웠을 때 약 15미터)

가장 몸이 긴 공룡
아르고젠티노고사우루고스
(약 35미터)

뇌가 호두알 크기만 한 공룡
스키테고키사우루스키
(위의 공룡 뼈 그림)

가장 오래된 공룡 화석
가에오가랍토르가
(약 2억 3100만 년 전~2억 2500만 년 전 후기 트라이아스기)

크기가 칠면조만 한 공룡
콤토프소그토나투토스
(하지만 울음소리는 칠면조와 달라요.)

여러분,
이 페이지를 넘기면
오려서 만드는 종이 공룡이 있어요!

책을 오리고 싶지 않거나
공룡을 더 만들어 보고 싶은 친구들은
아래 사이트에 가면 그림을 출력할 수 있어요.

www.goraein.com

여러분, 이 그림은 아이스크림이 아니에요.
공룡의 혀랍니다.

뚝딱뚝딱 종이 공룡 만들기

디자인 켄코프

배고픈 종이 공룡을 만들어 봐요.
붙이는 순서를 잘 따라 해야 쉽게 만들 수 있어요.

준비물
> 가위
+ 풀

오리기와 접기

1 우선 밑그림을 모두 오리세요.
2 입과 몸통은 접는 선을 따라 접어 각각 틀을 만들어 두어요.
3 꼬리의 ⑪과 ⑫는 가운데를 잘라서 각각 반대 방향으로 접어요(ㄷ 그림 참고).
4 풀을 붙이는 부분도 모두 미리 접어 두는 게 좋아요.

붙이기

1 혀를 구부려서, ① 부분을 입의 ① 부분에 붙여요(ㄱ 그림 참고).
2 입의 ② 부분을 몸통의 아랫니 뒷면에 붙여요(ㄴ 그림 참고).
3 몸통의 ③ 부분을 손이 튀어나온 쪽에 붙여요(완성 그림 참고).
4 입의 ③ 부분을 공룡 옆면의 아랫니 뒷면에 붙여요.
5 입의 ④ 부분 두 군데를 각각 공룡 입 안쪽과 윗니 뒷면에 붙여요.
6 몸통의 ⑤⑥⑦을 공룡 옆면에 순서대로 붙여요.
7 공룡 윗니 뒷면에 입의 ⑧ 부분을 붙여요.
8 몸통의 ⑨ 부분을 손이 튀어나온 쪽에 붙여요.
9 입의 ⑨ 부분을 공룡 옆면의 아랫니 뒷면에 붙여요.
10 입의 ⑩ 부분과 몸통의 ⑩ 부분을 모두 공룡 옆면에 붙여요.
11 꼬리와 발의 ⑪⑫⑬⑭를 번호에 맞게 풀칠을 해서 몸통에 붙여요.

완성 그림

ㄱ 그림

혀

ㄴ 그림

ㄷ 그림

여기
뒷면에
붙이세요.

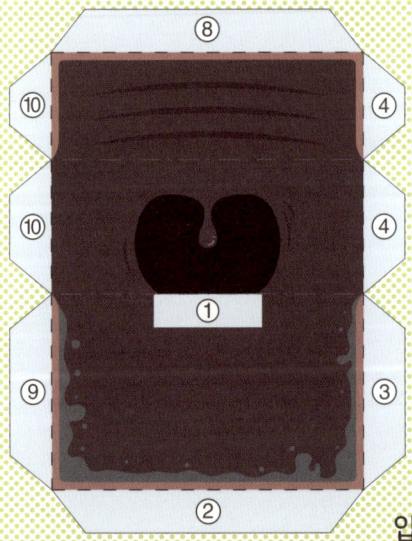

입

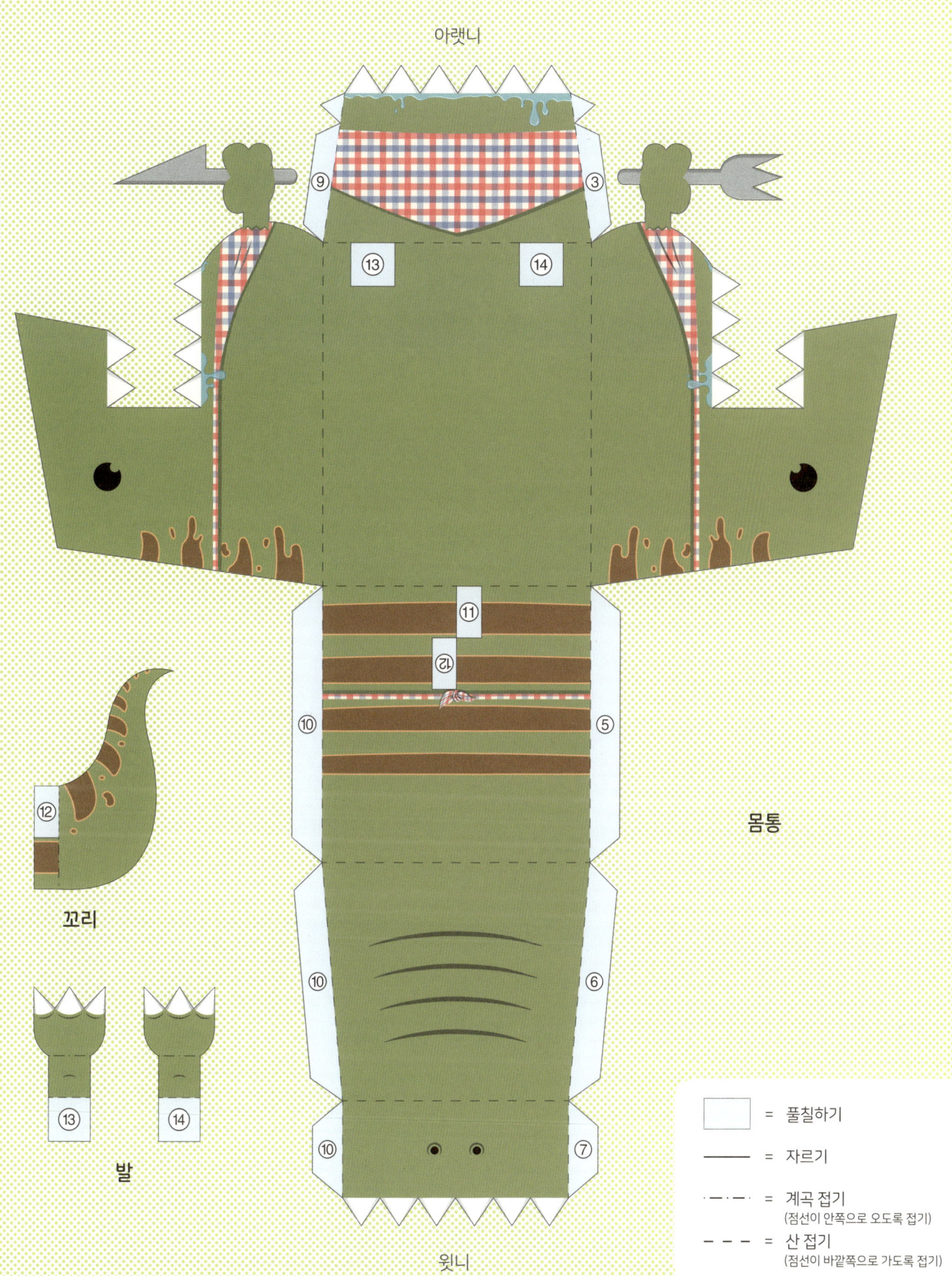

여러분, 새로운 만들기로 곧 다시 만나요!

놀이 2 공룡 연구소 ②

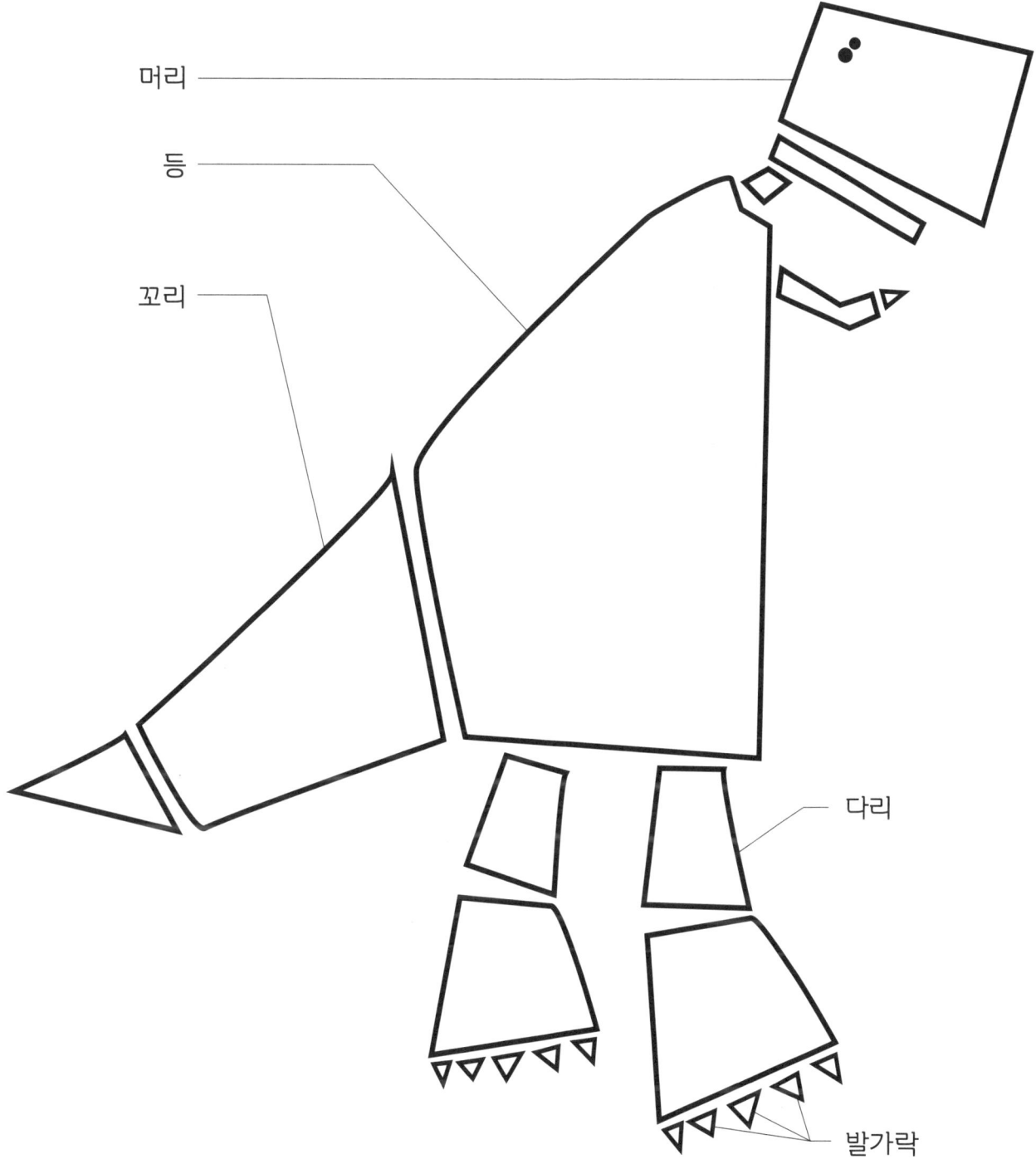

2 라보디노 연구소에 따르면 공룡에게는 비늘과 깃털이 있었다고 해요. 하지만 피부 색깔이 어땠는지, 무늬가 있었는지 없었는지는 정확하게 알지 못한대요. 티라노사우루스가 어떻게 생겼을지 상상해서 위 그림을 색칠해 보세요.

놀이 3 나는 언제 태어났을까요?

유명한 점술가 이르마 부인의 집에는 늘 사람이 붐벼요. 고민이 있거나 미래에 어떤 일이 닥칠지 궁금한 사람들이지요. 줄을 선 사람들은 어떤 고민을 가지고 왔을까요? 사람들의 속마음이 들리나요?

1 누가 가장 먼저 태어났을까요?
태어난 시대의 순서에 맞게 번호를 써 주세요.

2 오른쪽 페이지에 있는 문장을 읽은 다음 질문에 답하세요.

ㄱ. 그림에서 본 것 그대로 이야기한 문장

> 문장 번호: ....

ㄴ. 그림을 보면서 상상한 것을 이야기한 문장

> 문장 번호: ....

그림 카세트잭

① 공룡은 선사 시대 원시인 둘 사이에 있어요.
② 점술가는 중세 기사에게 기분 좋은 이야기를 해 주었어요.
③ 점술가만 의자에 앉아 있어요.
④ 호주머니에 두 손을 넣고 있는 사람이 딱 한 명 있어요.
⑤ 중세 기사 옆의 소녀가 이집트인 손에 파인애플을 그리고 있어요.
⑥ 선글라스를 쓴 남자가 붓을 든 소녀를 바라보고 있어요.

놀이 4 공룡을 위한 오늘의 요리!

그림 아드리앵 우일레르

공룡들 사이에서 맛있다고 소문이 자자한 가스트로 디노 식당에 왔어요. 공룡들이 즐겨 먹는 음식은 어떤 것일까요? 이곳의 요리를 상상해 보세요.

마리티 라누사우루스는 육식 공룡이에요.
늘 고기를 먹지요.

디미드리 오사우루스는 잡식 공룡이에요.
풀도 먹고 고기도 먹는답니다.

알리 가노돈은 초식 공룡이에요.
늘 풀을 먹지요.

1 마리티, 디미드리, 알리가 평소에 어떤 음식을 먹는지 알아보세요. 그런 다음 공룡 식당의 일주일 메뉴를 보고 질문에 답해 봐요.

일주일 메뉴

월요일
① 디플로도쿠스 파이
혹은
② 잔가지 샐러드

화요일
① 찐 고사리 씨앗
혹은
② 포유류 안심 요리

수요일
① 잘게 잘라 데친 나무껍질
혹은
② 스테고사우루스 스테이크

목요일
① 트리케라톱스 조림
혹은
② 양념한 나뭇잎

금요일
① 그리스식으로 요리한 풀
혹은
② 빵가루를 얇게 입혀 튀긴 프테로닥틸루스 날개

질문

1. 마리티가 목요일에 식당에 간다면 어떤 요리를 고를까요?

2. 알리가 화요일에 식당에 갔는데 ②가 다 떨어졌어요. 그래도 알리는 식당에서 먹을 수 있을까요?

3. 마리티와 디미드리가 월요일에 같은 걸 먹고 싶다면 어떤 요리를 고를까요?

4. 알리가 사흘 연속으로 식당에 간다면 계속 ①을 먹을까요?

5. 마리티가 그리스식 요리법을 싫어해도 금요일에 식당에서 먹을 수 있나요?

2 오른쪽 그림 조각들 중 거꾸로 뒤집어진 것은 무엇일까요?

1   2   3   4   5

놀이 5 화석을 찾아 주세요

선사 시대 화석*이 묻혀 있는 유적지에 왔어요. 고생물학자* 험프리는 이곳에서 화석 연구를 하고 있지요. 여기저기 유적이 흩어져 있어서 길을 잘 찾아야 해요. 이런, 험프리가 식은땀을 흘리며 서 있네요.

그림 마티아스 말랭그레

1 험프리가 미로를 빠져나가 온전한 공룡 뼈를 찾도록 길을 찾아 주세요.
2 그림에서 공룡 뼈가 아닌 것에 모두 동그라미를 쳐 보세요.

놀이 6 공룡의 일생

험프리가 추천해 준 공룡 박물관에 왔어요. 여기에는 공룡에 관한 자료가 엄청나게 많아요.
그중에 공룡의 일생을 그린 그림이 제일 마음에 들었는데, 순서가 막 뒤섞여 있어요.
오른쪽 페이지의 공룡 이야기를 보고 그림 순서를 찾아보세요. 문장에 맞는 그림을 찾아 번호를 적으면 돼요.

공룡 이야기

1. 난 알에서 태어났어. (　　)
2. 나뭇잎과 열매, 풀을 잘 먹었지. (　　)
3. 난 여기저기 돌아다니는 걸 좋아했어. (　　)
4. 그러다 무서운 공룡이 날 공격했어! (　　)
5. 난 결국 쓰러지고 말았어. (　　)
6. 긴 시간 동안 땅에 묻혀 있었지. (　　)
7. 어떤 사람이 날 발견했어. (　　)
8. 난 지금 새로운 집에서 살고 있단다. (　　)

3부
쓸데 있는 지식

직업
- 고생물학자
  44

언어
- 일본어
  46

과학
- 화산이 폭발해요
  48

영화
- 박물관이 살아 있다
  50

만들기
- 페트병 볼링 놀이
  52

직업

글 뱅상 자도 그림 스테파니 라슨

내 꿈을 이뤘어요!
고생물학자

공룡 뼈를 찾아다니는 일은 무척 지루할 거라고 생각했어요. 온종일 땅만 보며 하루를 보내야 할 것 같았거든요. 유명한 고생물학자 에릭 뷔프토를 만나기 전까지는 말이죠. 에릭 뷔프토와 어떤 이야기를 나눴는지 궁금하죠? 고생물학자가 어떤 일을 하는지 들어 보고, 고생물학자가 된 여러분의 모습도 한번 상상해 보세요.

어린 시절에는 커서 어떤 직업을 갖고 싶으셨어요?

에릭: 일고여덟 살 때부터 선사 시대 동물에 푹 빠져 있었어요. 이 주제를 다룬 책을 모조리 찾아서 읽었어요.

그때부터 고생물학자가 꿈이셨군요?

에릭: 머릿속에 그 목표를 항상 간직하고, 오랫동안 열심히 공부했지요. 기다란 디플로도쿠스의 목처럼 긴 시간 동안 공부해 왔지만 내내 가슴이 두근거렸답니다. 지금 와서 생각해 보면 어떻게 그렇게 열심히 할 수 있었는지 신기할 정도예요.

고생물학 연구는 위험한 일인가요? 인디아나 존스*처럼 강해야 할 수 있나요?

에릭: 우선, 인디아나 존스는 고생물학자가 아니라 고고학자*랍니다. 하하! 우리도 고고학자들과 일을 할 때가 있지만 그렇게 늘 세계 반대편에 있는 굉장한 유적지에서 일하진 않아요. 채찍을 가지고 다니거나 달리는 기차 위를 뛰어다니지도 않고요.

하루 일과는 어떻게 되시나요?

에릭: 발굴 현장*에 있을 때는 아주 꼼꼼하게 땅을 훑고, 작업 지역을 통제하고, 화석을 식별*합니다. 대부분의 시간을 현장에서 모아 온 화석들을 분석하면서 보내지요. 화학 약품을 사용하기도 하고, 화석에 무엇이 들어 있는지 보려고 스캐너*도 사용해요. 이제는 멸종된 동물들을 그려 내기 위해 화가들과 일하기도 해요.

어떤 공룡을 가장 좋아하세요?

에릭: 어릴 적엔 가장 좋아하는 공룡이 하나씩은 있지만 고생물학자들이 그런 경우는 드물답니다. 그 대신에 일을 해 오면서 유독 기억에 남는 발견은 있어요. 동료들과 함께 약 7000만 년 전에 타조만 한 새가 살고 있었다는 사실을 증명한 적이 있는데요. 이름이 가르간투아비스예요. 제가 발견하기 전까지는 그런 새들이 들판에서 공룡들과 함께 살았다는 사실을 생각조차 하지 못했지요.

〈쥬라기 공원〉같이 공룡들을 다룬 영화는 어떻게 생각하세요?

에릭: 공룡을 아주 잘 복원했다고 생각해요. 하지만 그저 꾸며 낸 이야기에 지나지 않죠. 거기에 나오는 공룡의 행동이 과학적으로 증명되지 않았거든요.

자녀분들도 아버지의 뒤를 이으려고 하나요?

에릭: 딸이 둘 있는데 한 아이는 역사를 전공하고, 다른 애는 미술을 공부하고 있어요. 아내도 고고학자라 딸들이 어렸을 때는 발굴 현장에 같이 따라다녔는데요. 부모가 계속 땅만 파는 걸 보고 자라서인지 이쪽 일에 그리 꿈을 품지는 않더라고요.

언어

그림 스테파니 라슨

쏼라쏼라 **일본어**

일본에서는 일본어를 사용해요. 주로 사용하는 글자 수는 3000자가 넘어요. 여기서는 조금만 소개해 줄게요. 일본 친구와 대화를 나누는 모습을 떠올려 보세요. 신나지 않나요?

일본 글자에는 두 가지 종류가 있어요. 중국에서 들어온 한자인 '간지(파란색 글자)'와 '가나(빨간색 글자)'예요.

1 ➡ 간지: 글자 하나하나가 뜻을 나타내는 표의 문자*예요.

예를 들어, 食 = 먹는다 [타베루]

2 ➡ 가나: 말소리를 그대로 기호로 나타낸 표음 문자*예요. 가나에는 두 가지 종류가 있어요.

1 히라가나: 간지의 뜻을 더 정확하게 나타내지요.

食べる = 먹는다 [타베루]   食べた = 먹었다 [타베타]

2 가타카나: 외래어를 표기*할 때 사용해요.

チーズ = 치즈 [치즈]

일본에서 간지라고 부르는 중국 글자를 한국에서는 '한자'라고 불러요. 한자는 세 종류로 구분할 수 있지요.

1 모양을 본떠서 만든 글자 　⛰ ➡ 山 = 산 [야마]

2 뜻을 점이나 선으로 만든 글자 　· ➡ 上 = 위 [우에]

3 글자 여러 개를 합쳐서 만든 글자 　日 = 해 [히] + 月 = 달 [츠키] ➡ 明 = 밝음 [메이]

알아 두기 ➡ 우리나라 말과 비슷한 일본 말도 많아요. 한번 배워 볼까요?

- かばん [카방] : 가방
- かぞく [카조쿠] : 가족
- りょうり [료우리] : 요리
- おんど [온도] : 온도
- いみ [이미] : 의미
- しんぶん [신붕] : 신문

 **맞춰 보세요!** 다음 간지의 뜻을 보고, 글자의 뜻을 맞춰 보세요.

木 = 나무 [키]   口 = 입 [구치]   鳥 = 새 [도리]   人 = 사람 [히토]

ㄱ. 木 + 木 + 木 ➡ 森 = [모리] = ☐ 숲　☐ 오리　☐ 불

ㄴ. 人 + 木 ➡ 休 = [큐] = ☐ 읽다　☐ 쉬다　☐ 원숭이 흉내를 내다

ㄷ. 口 + 鳥 ➡ 鳴 = [메이] = ☐ 휘파람을 불다　☐ (새가) 울다　☐ 코를 골다

わかった?
[와캇타]

알겠어?

과학

그림 스테파니 라슨

화산이 폭발해요

여러분, 조심하세요! 오늘 재미있는 실험실의 온도가 엄청나게 올라갈지도 몰라요!
화산 폭발 실험을 할 거니까요. 자, 준비됐나요?

준비물

> 흙이나 모래 바닥
+ 작은 유리병
+ 탄산수소나트륨 2 큰술(숟가락으로 크게 두 번 뜨기)
+ 빨간색과 노란색 물감
+ 주방 세제 1 작은술(숟가락으로 작게 한 번 뜨기)
+ 식초

만드는 법

3. 유리병의 4분의 3 정도를 식초로 채워요.

4. 주방 세제를 넣고 물감을 몇 방울 떨어뜨려요.

5. 마지막으로 탄산수소나트륨을 넣고 잠깐 기다립니다.

2. 산꼭대기에 구멍을 만들어서 작은 유리병을 넣어요.

1. 흙이나 모래로 작은 산 모양을 만들고 잘 다져 둡니다.

실험 결과

탄산수소나트륨과 식초를 섞으면 맹렬한 반응과 함께 기포*가 발생해요. 화학 반응이 일어난 거죠.
이 기포는 이산화탄소예요. 이산화탄소가 생기면서 유리병 안에 있는 액체를 바깥으로 밀어내지요.
지구의 내부에서는 땅속의 열 때문에 암석이 녹아서 마그마가 만들어져요. 마그마가 지표면* 가까이 상승하면서 열이 주변의 기체를 팽창*시켜요. 이 기체는 이산화탄소를 포함하고 있는 화산 가스*로, 압력이 높아지면 마그마와 함께 화산 위로 뿜어져 나와요.

흙이나 모래 바닥이 근처에 없다고요?
그럼 실내에서 바닥에 알루미늄 포일을 깔고 찰흙으로 화산 모양을 만들어서 실험을 하면 됩니다.

영화

그림 스테파니 라슨

시끌시끌 박물관이 살아 있다

한밤중 박물관에서는 무슨 일이 벌어질까요?
숀 레비 감독이 2006년에 만든 〈박물관이 살아 있다〉라는 영화 속으로 함께 들어가 봐요.

줄거리
자연사 박물관의 야간 경비원으로 일하게 된 래리. 일을 시작한 첫날에 래리는 엄청난 일을 겪게 돼요. 밤이 되자 박물관의 모든 전시물이 살아서 돌아다니는 거예요! 티라노사우루스가 제멋대로 날뛰고, 카우보이들이 전쟁을 일으키고, 박물관은 온통 뒤죽박죽되어 버리지요. 래리는 과연 박물관을 구할 수 있을까요?

등장인물
• 래리 데일리, 주인공
• 카우보이 제데디아 스미스*의 작은 모형
• 19세기 신사 모형
• 여러 모형들(카우보이, 원주민 등)
(모형 크기는 5cm 정도. 모두 화가 잔뜩 나 있어요.)

의상
• 래리는 야간 경비원 제복을 입고 있어요.
• 제데디아는 카우보이 옷을 입고 말을 타고 있어요.
• 19세기 신사는 양복을 입고 실크해트*를 쓰고 있어요.

액션 (자연사 박물관 / 밤)
원주민 모형들이 래리의 발을 꽁꽁 묶었어요. 그런 다음 래리를 미국 서부 지역 전시대 위로 넘어뜨렸어요. 래리는 모형들에게 포위*당한 채 바닥에 묶여 버렸어요. 래리의 머리는 철로 위에 놓이고 말았답니다!

대사

제데디아
끼야호! 저놈을 묶어, 카우보이들!

카우보이 모형들이 래리에게 올가미 밧줄을 던지고 꽁꽁 묶는다.

래리
뭣들 하는 거야? (카우보이들이 계속 묶는다.) 이봐! 그만해!

19세기 신사
1년! 365일! 매일 밤! 당신 같은 경비원이 우리를 이 유리장 속에 가두지. 알아 둬, 이제 지긋지긋해! 우린 자유라고!

모형들이 "자유!"라고 외친다.

제데디아
서부 특급 열차를 전속력으로 보내 줘!

래리는 고개를 돌려 달려오는 모형 기차를 본다.

래리
어이, 금발 친구!

제데디아
아니, 내 이름은 제데디아야.

래리
응, 제데디아, 이제 기차 좀 멈춰 줘.

제데디아
멈추기에는 이미 너무 늦은 것 같은데.

래리
왜들 그러는 거야?

제데디아
누군가는 대가*를 치러야 하니까.

래리
무슨 대가?

제데디아
몰라, 하여튼 네가 값을 치러!
(화가 치밀어 오르는 말투로)
그만 징징대고 배짱을 좀 가지라고!

기차가 점점 더 빨리 다가온다.

래리
농담 아냐, 기차를 멈춰!

제데디아
알았어. (다른 모형들에게 고함을 지르며) 기차를 멈춰!

래리
거봐, 할 수 있었잖아.

제데디아
아니! 이 녀석 얼굴로 전속력으로 돌진해! 머리를 수박처럼 박살 내 버리자고! 어서!

기차가 다가오지만 래리의 머리에 부딪치고 철로를 벗어난다.

래리
아야! 휴우…….

제데디아
왜 늘 실패로 끝나는 거지?

래리
좋아, 이제 됐어. (어깨를 움직여서 줄을 풀기 시작한다.)

모형들이 외친다. "도망쳐! 이 녀석이 곧 풀려난다!"

위와 같은 영화 대본을 '시나리오'라고 해요. 시나리오는 등장인물끼리 주고받는 말인 '대사'와 몸짓이나 말투, 상황 등을 알려 주는 말인 '지시문'으로 이루어져 있어요. 시나리오를 읽어 보고, 친구들과 〈박물관이 살아 있다〉의 주인공이 된 것처럼 연기해 보세요.

만들기　　　　　　　　　　　　　　　　　　　　　　　　　　　　그림 스테파니 라손

집에서 만드는 페트병 볼링 놀이

꼭 장난감이 있어야 놀 수 있는 건 아니에요. 상상력을 조금 보태면 흔히 볼 수 있는 재료들로 재미있는 놀잇감을 만들 수 있어요. 빈 페트병을 모아 핀을 만들고, 공이나 양말을 돌돌 말아 던져 보세요. 그럴싸한 볼링 놀이 탄생! 친구나 가족과 함께 즐겨 보세요.

준비물

> 페트병 6개(더 있어도 되고, 크기가 달라도 상관없어요.)
+ 아크릴 물감이나 잘 지워지지 않는 유성 사인펜, 스티커 등 꾸밀 재료
+ 공 또는 양말

만드는 법

1 먼저 페트병을 깨끗하게 씻고 겉에 붙은 상표를 벗겨 내요. 상표가 잘 안 떨어지면, 페트병 속에 따뜻한 물을 부은 다음 뚜껑을 닫고 병을 눕혀 놓아요. 그림처럼 접착제가 발라진 곳이 아래로 가도록 놓아두세요. 그렇게 잠깐 기다리다가 상표를 떼어 내세요.

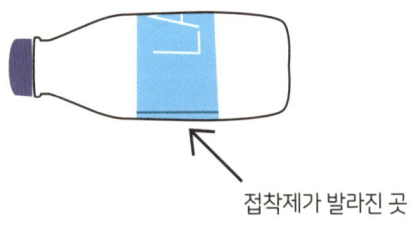

접착제가 발라진 곳

2 아크릴 물감이나 유성 사인펜을 이용해서 병을 꾸며 봐요. 스티커를 병에 붙여도 돼요. 이 책에 등장했던 공룡 친구들로 꾸며도 좋고, 뭐든 좋아하는 모양으로 꾸며 보세요.

3 병에 그린 그림이 마르면 피라미드처럼 쌓아요. 그냥 쌓기 힘들면 중간에 층층이 두꺼운 종이를 끼우면 쉬워요. 옆의 그림처럼 두 줄도 좋고 세 줄도 좋아요.

4 페트병 볼링 놀이를 시작해 볼까요? 공을 굴려서 쓰러뜨려 보세요. 두꺼운 양말을 동그랗게 말아서 던져도 정말 재미있어요!

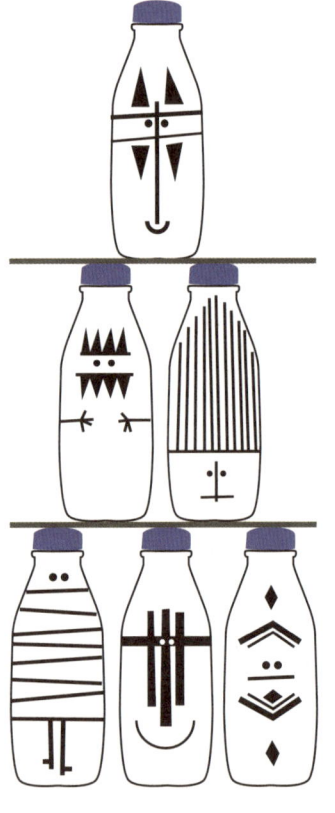

 페트병 볼링 놀이는 집 안에서 해도 좋고, 야외에서 해도 재미있어요. 더 시끄럽게 놀고 싶으면 페트병 안에 돌멩이를 넣거나, 페트병 대신 음료수 캔을 이용해서 만들어 보세요.

낱말풀이

여러분, 책을 읽다가 모르는 낱말이 있었나요?
*표시가 된 어려운 낱말의 뜻을 이곳에서 찾아보세요.
모르는 낱말이 여기에 없다면 사전을 찾으면 돼요.

ㄱ

- **고고학자** 고고학을 연구하는 사람
- **고생물학자** 화석을 통해 까마득히 먼 옛날의 동식물을 연구하는 학자
- **곤드와나 대륙** 오래전에 남반구에 있었다고 추측되는 대륙. 현재의 아프리카, 오스트레일리아, 남아메리카, 남극 등으로 분리되었다고 함
- **공연 기획자** 공연의 모든 과정을 기획하는 사람
- **괴짜** 괴상한 행동을 잘하는 사람
- **기포** 액체나 고체 속에 기체가 들어가 거품처럼 둥글게 부풀어 있는 것

ㄴ

- **나무고사리** 나무처럼 생긴 고사리로 높이가 20미터에 달하는 것도 있음. 주로 열대 지방에서 자람

ㄷ

- **대가** 일을 하고 받는 돈이나 물품. 또는 어떤 결과를 얻기 위해 하는 노력이나 희생
- **디플로도쿠스** 쥐라기 후기에 살았던 초식 공룡으로 대부분 물속에서 생활한 것으로 보임. 몸의 길이는 30미터 정도로, 목과 꼬리가 긴 편임

ㄹ

- **로라시아 대륙** 오래전에 북반구에 있었다고 추측되는 대륙. 현재의 유럽, 북아메리카, 아시아 등으로 분리되었다고 함

ㅅ

- **삼차원 효과** 평면적인 그림을 실제 물체처럼 입체적으로 보이게 만드는 효과
- **세이스모사우루스** '지진 도마뱀'이라는 뜻으로 쥐라기에 살았던 거대한 초식 공룡. 몸길이가 약 40미터로 매우 거대함
- **소철** 뜰이나 온실 같은 곳에 심어 가꾸는 늘푸른나무
- **스캐너** 빛, 소리, 엑스레이를 이용해 물체의 안쪽을 보는 장치
- **스테고사우루스** '지붕 도마뱀'이라는 뜻으로 '스테고'란 등줄기를 따라 나 있는 골판을 뜻함
- **스트루티오미무스** '타조를 닮은 공룡'이라는 뜻으로, 기다란 발과 목이 특징임
- **시조새** '고대의 날개'라는 뜻. 부리에는 날카로운 이빨이, 날개에는 발톱이 있는 발가락이 달려 있음
- **식별** 서로 다른 일이나 사물을 구별하여 알아보는 것
- **실사** 실제 물건이나 사람, 경치 등을 그리거나 사진으로 찍는 것. 또는 그런 그림이나 사진
- **실크해트** 원통형으로 생긴 남성용 모자

ㅇ

- **알로사우루스** '특별한(혹은 이상한) 도마뱀'이라는 뜻의 육식 공룡으로 날카로운 이빨과 발톱이 있음
- **약혼자** 결혼하기로 약속한 사람
- **영화감독** 영화 만드는 일을 총지휘하는 사람
- **용각류** 목이 길고 몸집이 커다란 초식 공룡 무리. 공룡들 중 가장 몸집이 큼
- **인디아나 존스** 미국의 스티븐 스필버그 감독이 만든 영화 〈인디아나 존스〉 시리즈의 주인공으로 고고학 교수이자 모험가
- **인터뷰** 어떤 사람을 만나 그 사람의 생각이나 계획 등에 관해 이야기를 나누는 일

ㅈ

- **제데디아 스미스** 18세기 말에 태어난 미국 탐험가. 미국 동부와 서부를 잇는 철로를 놓고, 서부 지역을 개척한 사람
- **지표면** 지구의 표면, 또는 땅의 겉면
- **진화** 생물이 변해 가는 현상

ㅋ

- **캄프토사우루스** '굽은 도마뱀'이라는 뜻의 초식 공룡으로 턱과 이빨이 발달되어 질긴 식물도 잘 먹었을 것이라고 추측함

ㅌ

- **트라이아스기** 중생대를 셋으로 나눴을 때 첫 번째 시대. 그 이후 시대는 쥐라기, 백악기임
- **티라노사우루스** '폭군 도마뱀'이라는 뜻으로 가장 사납고 무서운 육식 공룡

ㅍ

- **파라사우롤로푸스** '관 도마뱀과 비슷한 도마뱀'이라는 뜻. 머리 뒤쪽에 2미터 가까이 커다랗게 튀어나온 관이 있는데, 이 관을 어디에 썼는지는 확실치 않음. 공기를 잔뜩 넣어 잠수할 때 숨 쉬는 용도로 썼다는 주장도 있고, 싸울 때 무기로 썼다든가, 동료들과 의사소통을 하는 수단으로 썼다는 주장도 있음
- **판게아 대륙** 대륙 이동설에서 말하는 가상의 원시 대륙. 대륙 이동설에 따르면, 지구는 판게아라는 하나의 큰 대륙으로 있다가 시간이 흐르면서 오늘날과 같은 모습으로 분리되었다고 함
- **팽창** 부풀어서 크기가 커짐
- **포위** 주위를 에워싸는 것
- **표기** 적어서 나타내는 것
- **표음 문자** 말소리를 그대로 기호로 나타낸 문자로 한글, 로마자, 아라비아 문자 등이 있음
- **표의 문자** 하나하나의 글자가 소리와 상관없이 일정한 뜻을 나타내는 문자. 한자가 대표적임

ㅎ

- **하드 록** 시끄럽고 강한 록 음악
- **현장** 일을 실제 진행하거나 작업하는 곳
- **화산 가스** 화산에서 분출하는 가스. 수증기가 대부분이며 그 밖에 이산화탄소, 이산화황, 수소, 질소, 황화수소 따위로 이루어짐
- **화석** 옛날에 살았던 동물이나 식물의 몸체나 흔적이 암석이나 땅속에 그대로 보존되어 남아 있는 것

묘기 같은 로큰롤 연주!

앞뒤 표지 그림 중 다른 부분 일곱 군데는 다음과 같아요.

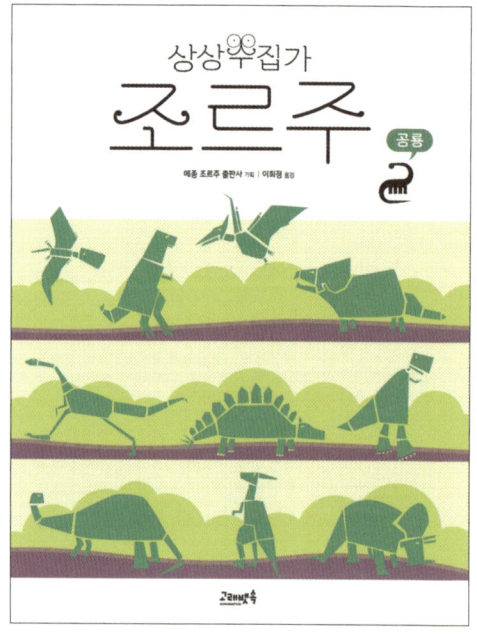

놀이 1 공룡 이름을 알아봅시다!

1 ① 아나토티탄(Anatotitan): 아나스 + 티탄 > 커다란 오리
② 인키시보사우루스(Incisivosaurus): 인키시오 + 사우루스 > 앞니 도마뱀
③ 트리케라톱스(Triceratops): 트리 + 케라톱스 > 세 개의 뿔
④ 디플로도쿠스(Diplodocus): 디플로 + 도쿠스 > 두 개의 기둥
⑤ 벨로키랍토르(Velociraptor): 벨록스 + 랍토르 > 재빠른 도둑
⑥ 프테로닥틸루스(Pterodactylus): 프테로스 + 닥틸루스 > 손가락 달린 날개
⑦ 갈리미무스(Gallimimus): 갈리나 + 미무스 > 닭을 닮음

2 오른쪽 그림 참조

3 그림 위편 왼쪽에 있는 공룡 이름을 프테로피시스(Pteropiscis)라고 지을 수 있어요. 뜻은 '날아다니는 물고기'예요.

놀이 2 공룡 연구소

1 가장 무거운 공룡: 아르젠티노사우루스
가장 몸이 긴 공룡: 아르젠티노사우루스
가장 오래된 공룡 화석: 에오랍토르

가장 키가 큰 공룡: 브라키오사우루스
뇌가 호두알 크기만 한 공룡: 스테고사우루스
크기가 칠면조만 한 공룡: 콤프소그나투스

놀이 3 나는 언제 태어났을까요?

1 동그라미에 들어갈 번호는 다음과 같아요. 가장 먼저 태어난 건 공룡이지요!
⑤ 중세 기사, ⑥ 1920~30년대풍 옷을 입은 여자, ④ 고대 이집트인,
② 선사 시대 인류 오스트랄로피테쿠스, ① 공룡, ③ 선사 시대 인류 호모에렉투스, ⑦ 현대인

2 ㄱ ①, ③, ④   ㄴ ②, ⑤, ⑥

놀이 4 공룡을 위한 오늘의 요리!

1 1. 마리티는 ①을 고를 거예요.   2. 네, 알리는 식당에서 ①을 먹을 수 있어요.   3. 마리티와 디미드리는 ①을 고를 거예요.
4. 아니요, 알리는 사흘 연속으로 ①을 먹을 수 없어요.   5. 네, ②를 먹으면 돼요.   **2** 4번

놀이 5 화석을 찾아 주세요

1 보라색으로 표시한 길로 가면 돼요.   **2** 파란색 동그라미를 친 뼈는 물고기, 홍학, 닭, 거북, 소 뼈예요.

놀이 6 공룡의 일생

1: ⑤   2: ①   3: ⑧   4: ④   5: ⑥   6: ③   7: ②   8: ⑦

일본어   ㄱ: 森 [모리] 숲   ㄴ: 休 [큐] 쉬다   ㄷ: 鳴 [메이] (새가) 울다

상상수집가 조르주와 함께
상상을 모으러 떠나요!

1권 공룡

이야기 | 아델의 공룡 사촌들, 공룡을 조련한 사람, 도형 왕국의 꽃미남 왕자
놀이 | 공룡 이름 퀴즈, 공룡 기네스북, 종이 공룡 만들기
쓸데 있는 지식 | 일본어, 고생물학자 인터뷰, 영화 〈박물관은 살아 있다〉, 화산 폭발 실험

2권 유령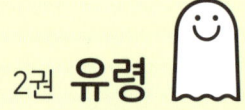

이야기 | 유령이 최고야, 유령선, 지하 묘지에 간 마키
놀이 | 마녀가 전해 준 목록, 죽은 자들의 날, 종이 유령 만들기
쓸데 있는 지식 | 루마니아어, 유령 전문 연기자 인터뷰, 영화 〈아담스 패밀리〉, 유령 디저트 유령섬

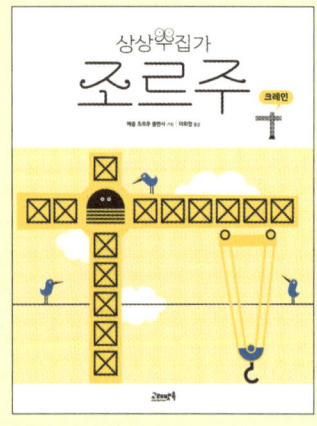

3권 크레인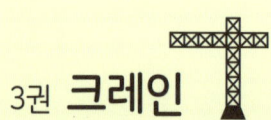

이야기 | 공사장 풍경, 구름 위를 걸었던 사나이, 항구에 간 마키
놀이 | 세계의 높은 건물 퀴즈, 집 짓는 사람들, 종이 크레인 만들기
쓸데 있는 지식 | 그리스어, 로프공 인터뷰, 영화 〈스파이더맨〉, 맛있는 디저트 브리크

4권 샴푸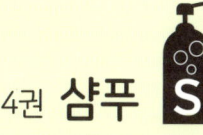

이야기 | 최고의 샴푸, 공포의 머리털, 헤어드라이어의 발명
놀이 | 꼬꼬 샴푸 광고, 빗 도둑을 찾아라, 머리 감는 사람 만들기
쓸데 있는 지식 | 히브리어, 정전기 원리 실험, 영화 〈미용사〉, 가발 장인 인터뷰, 클레오파트라 가발 만들기

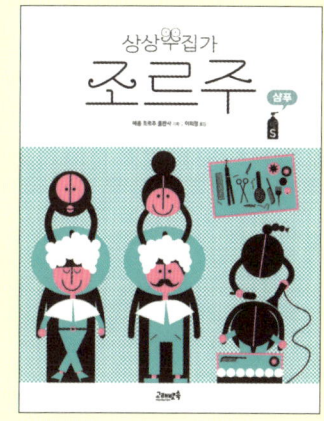

5권 의자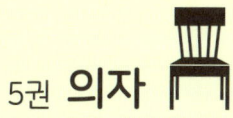

이야기 | 파블로와 의자, 공포의 의자 경주, 의자 하나만 그려 줘!
놀이 | 골동품 의자 가게, 즐거운 의자 놀이, 종이 의자 만들기
쓸데 있는 지식 | 의성어, 공간 디자이너 인터뷰, 종이 집 만들기, 영화 〈르 그랑 레스토랑〉, 재미있는 디저트 몬스터 카나페

6권 UFO

이야기 | 나사의 나사 빠진 사람들, 악당의 등장, 핼러윈에 화성인이 나타났다!
놀이 | 태양계 행성 퀴즈, 숨은 외계인 찾기, 종이 비행접시 만들기
쓸데 있는 지식 | 외계인 언어, 우주 비행사 인터뷰, 영화 〈스타워즈〉, 별자리 젤리

기획 메종 조르주 출판사 Editions Maison Georges
《상상수집가 조르주》는 프랑스의 메종 조르주 출판사가 기획한 독창적인 어린이 잡지 《조르주(Georges)》의 한국어 판입니다.
각 호마다 주제를 정한 뒤, 주제에 맞는 다양한 이야기, 놀이, 지식 정보를 담아, 아이들이 스스로 주제를 탐구하고 상상력을 키웁니다.
독특한 구성으로 프랑스 내 여러 잡지사들로부터 극찬을 받았습니다.

글 파브리스 우드리, 마리 노비옹, 뱅상 자도, 가즈홀
그림 파브리스 우드리, 마리 노비옹, 세브랭 미예, 크뤼시포름, 로익 위게, 켄 코프, 스테파니 라슨,
카셰트잭, 아드리앵 우일레르, 마티아스 말랭그레, 피터 슬라이트

옮김 이희정
서울여자대학교 불어불문학과와 한국외국어대학교 통번역대학원 한불과를 졸업했습니다.
《안녕 판다》, 《학교에서 정치를 해요》, 《어린이 아틀라스》 와 같은 도서를 우리말로 옮겼습니다.

상상수집가 조르주
1권 **공룡**

1판 1쇄 2018년 8월 27일

기획 메종 조르주 출판사 **글** 파브리스 우드리 외 3인 **그림** 마리 노비옹 외 10인 **옮김** 이희정
편집 김양희, 오선희 **아트디렉팅** 이인영 **디자인** 림어소시에이션 정다운 **찍은곳** 동인 AP
펴낸이 김구경 **펴낸곳** 고래뱃속 **출판등록** 제2013-000100호
주소 서울특별시 마포구 망원로2길 34, 3층(망원동) **전화** 02.3141.9901 **전송** 02.3141.9927
전자우편 goraein@goraein.com **홈페이지** www.goraein.com **페이스북** facebook.com/goraein **인스타그램** goraebaetsok

Georges
Copyright ⓒ Editions Maison Georges
Georges is a registered trademark by Editions Maison Georges
Translation copyright ⓒ 2018, Goraebaetsok
This edition was published by arrangement with The Picture Book Agency, Paris,
France and The Choice Maker Korea Co. All rights reserved.

ISBN 978-89-92505-81-9 74370
ISBN 978-89-92505-80-2 74370(세트)

이 책의 한국어판 저작권은 초이스메이커코리아를 통해 저작권자와 독점 계약한 고래뱃속에 있습니다.
신저작권법에 따라 한국 내에서 보호를 받는 저작물이므로 무단 전재와 무단 복제를 금합니다.

이 책의 국립중앙도서관 출판예정도서목록(CIP)은 서지정보유통지원시스템(http://seoji.nl.go.kr)과
국가자료공동목록시스템(http://www.nl.go.kr/kolisnet)에서 이용하실 수 있습니다.(CIP 제어번호: 2018024213)

 제품명_상상수집가 조르주 1권 공룡 | 제조자명_고래뱃속 | 제조국명_대한민국 | 인증유형_공급자 적합성 확인 | 사용 연령_7세 이상
주소_서울특별시 마포구 망원로2길 34, 3층(망원동) | 전화_02.3141.9901 | 제조일_2018년 8월 27일
* KC마크는 이 제품이 공통안전기준에 적합하였음을 의미합니다.

 주의_아이들이 책을 입에 대거나 모서리에 다치지 않게 주의하세요.